T0165611

Quiero Denunciar a mi Hijo

Quiero Denunciar a mi Hijo

mary escamilla

Número de Control de la Biblioteca del Congreso de EE. UU.:   2013901606
ISBN: Tapa Blanda   978-1-4633-5041-3
                       Libro Electrónico   978-1-4633-5042-0

Para realizar pedidos de este libro, contacte con:
Palibrio
1663 Liberty Drive
Suite 200
Bloomington, IN 47403
Gratis desde EE. UU. al 877.407.5847
Gratis desde México al 01.800.288.2243
Gratis desde España al 900.866.949
Desde otro país al +1.812.671.9757
Fax: 01.812.355.1576
ventas@palibrio.com
438891

Índice

Prólogo

LAS HISTORIAS QUE usted leerá son reales, narradas por sus protagonistas quienes en algún momento coincidieron al decidir: ¡Quiero denunciar a mi hijo!

Son historias desgarradoras que tienen como común denominador la mala entraña que existe en algunos hijos, la que afortunadamente no es una regla ni una generalidad.

En ellas verán casos de injusticias, de desamor, de mentes débiles e ignorantes, de irresponsabilidad, del uso de drogas, la falta de escrúpulos y de ética.

De cómo hay personas que medran con la fe de una doctrina y hacen de sus 'siervos' esclavos que entregan dinero en forma de ofrendas que es usado por 'falsos profetas' en su provecho, e incluso hay feligreses que se vuelven víctimas de violaciones.

Éste es un libro valiente en el que nos atrevimos a mostrar un mundo de anomalías y a exhibir aberrantes personajes llenos de maldad.

¡Mi Hijo me Odia!

(Primera Historia)

TODO EMPEZÓ CUANDO yo era aún una niña, desde que tuve uso de razón, porque siempre escuché a mi padre decirle a mi mamá…

–¡Yo soy quien manda en esta casa!, soy el hombre, el 'macho'. Tú eres mi mujer y me vas a obedecer. ¡¿Está claro?!…

Mi madre obedecía cabizbaja y su sentimiento de impotencia la hacía derramar lágrimas en silencio; lágrimas causadas por el dolor, tristeza, angustia y mucho temor. Y hacía todo lo que mi padre le ordenaba sin hacer un solo reproche, mientras en su rostro se reflejaba mucha pesadumbre.

Aunque era yo muy niña entendía el sufrimiento de mi madre, pero no el 'machismo' de mi padre. A él le complacía que las mujeres le obedeciéramos, le encantaba humillarnos, vernos sobajadas y sumisas. Quizás eso fue lo que él vio y aprendió de su padre y quedó atado a una cadena de la que ya no podía soltarse. Sí, una cadena, pues lo que los hijos ven que hace su padre, eso mismo es lo que aprenden y querrán hacer cuando estén casados y tengan hijos.

Mi papá actuaba de manera muy diferente con mis hermanos varones, a ellos les daba un trato preferencial, siempre lo mejor. Cuando llegaba la hora de la comida, mi padre nos obligaba a que nosotras los atendiéramos y les sirviéramos primero, ¡incluyéndolo a él, por supuesto! Y claro, al final éramos nosotras quienes comíamos, mucho tiempo después, y eso si quedaba algo para repartirnos. Para él lo correcto era que el hombre, el 'macho', tenía que estar contento. ¡Qué aberración!

Recuerdo nuestra gran pobreza, prácticamente vivíamos de lo que mi padre y mis hermanos mayores cosechaban en el campo, también de lo que nos proveían nuestros pocos animales; unas cuantas gallinas, un gallo y algunos guajolotes; teníamos cuatro cabras, una vaca y su becerro, y en los chiqueros una pareja de marranos (cerdos o puercos) y sus crías, las que mi madre se encargaba de 'engordar' (alimentar) mientras iban creciendo y llegaba la hora de llevarlos al mercado para venderlos, o los sacrificaban para vender su carne y cocinar 'carnitas y chicharrones'.

Allá no había industrias donde los hombres pudieran trabajar y las mujeres… Bueno, pues las mujeres en la mayoría de los casos, estábamos hechas sólo para continuar con la ancestral tradición de vivir sojuzgadas por los hombres; obedecerlos, complacerlos, darles hijos, criarlos, envejecer y morir. Esa humillante herencia que nos legaron nuestras bisabuelas, abuelas y madres, nos mantenían impotentes, incapaces de superarnos en cualquier aspecto. Nuestro papel era siempre el secundario, el hombre era primero para todo y el único con derecho para gritar, golpear, parrandear (irse de juerga, divertirse) y engañar.

Vivíamos en la provincia, en un rancho alejado de la ciudad: "Y de la mano de Dios", decían algunos. No contábamos con energía eléctrica, agua potable, drenaje ni demás servicios públicos, mucho menos con comodidades. Éramos 8 hermanos; 5 varones y 3 mujeres, mi padre y mi madre, un total de 10 personas en una casa construida con los materiales que había al alcance; adobes (tipo de ladrillos o bloques confeccionados con barro), travesaños, tablones de madera y los techos cubiertos con láminas de cartón. Cuando llovía todo se mojaba, habían goteras por todos lados; muchas veces nos tuvimos que ir a dormir mojados, pero como éramos muchos en la misma casa nos dábamos calor juntos, aunque la diferencia de género seguía prevaleciendo. La nuestra, era una casa humilde como casi todas las demás, y sin embargo, en conjunto formaban un colorido y hermoso panorama que le daba vida al pueblo.

Así transcurrió la vida hasta que llegamos a la adolescencia, pero la situación económica en mi casa seguía siendo la misma y la pobreza aún nos acompañaba. Con el correr del tiempo el pueblo fue adquiriendo algunos servicios; luz eléctrica, agua potable, una escuela, pavimentaron las calles principales y remozaron la plaza con un pequeño kiosco, jardines y flores.

Todo era tranquilidad en aquel terruño, se respiraba paz. Si acaso ahora el ambiente estaba invadido por el sonido de una sinfonola (aparato de música que funciona con monedas) que había en la cantina, la cual no dejaba de tocar canción tras canción sino hasta alrededor de la media noche.

Recuerdo que esa mañana mi padre me ordenó que llevara a moler el maíz nixtamal, para así tener masa y 'tortear' (hacer con las manos) las tortillas. Me dirigía al molino, caminaba deprisa por la acera, cuando vi que un auto en sentido opuesto al mío y al otro lado de la calle avanzaba lentamente; el hombre que lo conducía asomó su rostro por la ventanilla y al verlo me impactó de gran manera. Jamás había visto un hombre tan guapo. Y él me vio a mí con expresión de sorpresa y agrado.

No sé si me quedé parada o dejé de ir tan deprisa como iba antes de verlo a él. Pero así fue, nuestras miradas se cruzaron momentáneamente, apenas por unos instantes, y les aseguro que ambos nos enamoramos, ¡que ese fue un amor a primera vista!

Cuando recordé que mi padre me había enviado al molino y que si me retrasaba me iba a regañar y a gritar, porque así lo acostumbraba el machista, reanudé mi andar con mayor velocidad, llevando en mi pensamiento la imagen de aquél hombre en el auto. Vi también todo el movimiento que había en la plaza, el ir y venir de mucha gente extraña.

Volví a caer en la cuenta que me estaba retrasando y que cuando llegara a mi casa mi padre me recibiría a grito abierto. Así que aceleré el paso, iba casi corriendo y en mi prisa fui a chocar con ¡'doña Chonita'!, la señora más chismosa que haya existido, la que sin que le preguntaran podía dar 'santo y seña' de toda la gente del poblado.

–¡Ay, perdón doña Chonita! –le dije al sentir que nos impactábamos.

–¡Muchacha babosa! ...¡Perdón doña Chonita!... ¿Cómo no? Si tu padre te viera. ¡Chamaca loca! ¡Crees que no me di cuenta cómo se miraron tú y el fuereño ese que va manejando el auto?

Doña Chonita era 'la prensa del pueblo', la mujer más chismosa, así que imagínense, ¡cuánto miedo sentí que ella le dijera algo a mi padre!

Nuevamente me disculpé con la señora y seguí mi camino.

Corriendo llegué al molino y entregué la cubeta con el maíz nixtamal para que lo molieran. Entonces escuché la conversación de unas personas y así me enteré que ese día había ocurrido un hecho sangriento en el pueblo. Sucedió que aparecieron los cuerpos sin vida de unas personas, al parecer influyentes, unos políticos muy importantes, abandonados misteriosamente en unos campos sembrados con maíz. Según nos enteramos después, fueron asesinados en otro sitio, pero los llevaron y dejaron tirados en la zona donde vivíamos. Era por eso que había un contingente de policías rodeando el área e interrogando a la población.

Deduje entonces que aquel hombre tan guapo, el que me había impresionado de tal manera, habría llegado con toda esa gente y quizá estaba ahí para hacer algún trabajo relacionado con aquellos crímenes.

Pegué un brinco, cuando el encargado del molino me sacó de mi letargo, golpeando fuertemente con su mano el mostrador metálico.

—¡Ea muchacha, despierta! Tu masa ya está lista.

Así que tomé nuevamente mi cubeta y salí corriendo del molino encaminándome hacia mi casa a toda prisa. Al llegar a ella mi padre ya me esperaba con cara de enojo.

—¿Por qué te tardaste?… ¡Con una fregada! —Dijo dando un manotazo en la mesa.

—¿No sabes que me tengo que ir al campo para seguir con mis labores?

—Sí, papá, lo que pasa que me tardé porque hay mucho alboroto en el pueblo. Fíjate que hay unos muertitos.

—¿Muertitos?, ¿cuáles muertitos?

—Pues unos que tiraron en la milpa, aquí en el pueblo. Dicen que son unos políticos. Hay muchos policías por las calles, autos y fotógrafos.

—…¿Muertos?…¡Muertos de hambre somos nosotros que no tenemos que comer y tenemos que vivir en este miserable pueblo!… ¡Qué nos importan esos muertos, si eran políticos, quién los mató ni nada!… Muchacha del demonio… ¡Ándale, sírveme la comida rápido!

—¡Sí papá, siéntese, ahorita le sirvo su comida! —Le dije mientras cerraba mis ojos evocando el rostro del hombre que conducía el automóvil.

Con un 'soplador' avivé el fuego que producía la leña dentro del rústico anafre metálico, el cual estaba situado en el centro de la cocina de mi casa. Puse el comal encima del anafre y empecé a hacer las tortillas con mis manos, las cuales fui colocando sobre el comal para que se cocieran. Ya tenía decidido qué hacer para el desayuno (almuerzo), así que preparé un guiso sabrosísimo con flor de cempazúchil, cebolla y chiles serranos picados. La flor de cempazúchil es de color amarillo intenso y florea entre los meses de octubre, noviembre y diciembre. Tiene un exquisito sabor. Esta flor también la usa la gente para adornar los 'altares' con los cuales recuerdan a sus difuntos en el llamado 'Día de Muertos' o 'Día de los Santos Difuntos'.

Pocos minutos bastaron para que mi padre empezara a comer el guisado de flores de cempazúchitl, acompañado con tortillas calientitas recién hechas.

En esos precisos momentos, abordo del automóvil, la conversación que mantenía el capitán Eduardo Rivadeneyra con su subordinado, el agente Tomás Barajas, giraba alrededor de Ana Lilia.

–Oiga jefe, creo que nos vamos a quedar aquí bastante tiempo, ¿verdad? –Preguntó Barajas con malicia.

–También yo lo creo, detective Barajas, porque aquí aparte del trabajo que vinimos a hacer, hay cosas ¡muuuy lindas!

–Sí, ya me di cuenta. ¡Ay, perdón jefe, perdóneme de veras! Pero con las miradas que se echaron usted y esa muchacha, me pareció que se enamoraron a primera vista.

–¡Pues sí! Yo creo que sí porque es una muchacha muy bella. No había visto otra mujer igual. ¡Tiene razón Barajas, podría estar enamorado!

–¡Vaya capitán Rivadeneyra, hasta que por fin hubo una mujer que le moviera el piso y le hiciera pensar en despedirse de la soltería!

–No lo crea, una decisión como esa no se puede tomar así nada más.

–Pues parece que no le desagrada la idea. ¿Se imagina casado con una mujer como ella?... ¡Qué feliz sería!... ¿A poco no, capitán?

–Puede ser Barajas, puede ser…

El rancho siempre tranquilo cambió desde aquel macabro hallazgo, yo me sentía incómoda con tanta gente alrededor, con personas yendo arriba y abajo, caminando o en automóviles, como jamás antes se había visto en el pueblo. Personas extrañas que nos veían con recelo y miradas inquisidoras. Con policías uniformados o sin uniforme, que constantemente llevaban a alguien a la comisaría para interrogarlo, aunque nunca se supo de nadie que quedara detenido pues los investigadores sostenían la hipótesis que ni los asesinos y las víctimas no eran de aquí. Y la plaga de reporteros y fotógrafos, por fortuna, sólo duró unos días.

Bueno, no todas esas personas me incomodaban. En mi mente permanecía la imagen de aquel hombre, hasta ese instante desconocido.

Siempre fui diferente a mis hermanas, la mayor era soñadora y la menor muy enojona, pero ambas estaban resignadas y dispuestas a casarse, a tener hijos, recibir gritos y golpes de su 'macho' y a envejecer llevando vientres voluminosos y senos colgantes hasta la cintura. Yo era más realista y sabía que no iba a vivir eternamente en la miseria y en un pueblo sin futuro, quería salir de ahí y hacer algo diferente, como algunas personas que lograron irse a trabajar a la ciudad o a los Estados Unidos.

Cómo iba yo a imaginar que el destino me tenía reservada una sorpresa, como consecuencia de aquel hecho sangriento. Pero así fue y mi vida cambió.

A pesar de ser ranchera y vestir con ropa humilde, era bonita, tanto que la gente me decía "muñeca"; los hombres volteaban a verme cuando atravesaba la plaza caminando, cuando iba a la tienda o a la iglesia. No me faltaban pretendientes pero mi meta no estaba en ninguno de ellos, no porque me creyera superior o que valiera mucho, sino porque esperaba que él llegara o fuera yo al encuentro del hombre que Dios y la vida me tenían deparado.

¡Y sucedió!, mi belleza natural hizo que uno de los investigadores, quien estaba a cargo del caso de los homicidios de los políticos, se fijara en mí… y yo de él, así que en unos cuantos días nos enamoramos. Él era el capitán Eduardo Rivadeneyra, el hombre que conducía aquel automóvil, a quien yo vi como un hombre educado, fino, recto, amable y además muy guapo. Sí, fue muy fácil enamorarme de él.

Después de la primera vez que nos vimos, fue como por una especie de complicidad por la que ambos propiciamos volvernos a encontrar. Así que una mañana nos 'hallamos' en la plazoleta del pueblo, nos presentamos y empezamos a conversar. Acordamos seguirnos viendo ahí en los días subsiguientes y Eduardo me pidió que aceptara ser su novia. Por supuesto que acepté y como comprendimos que ya no podríamos vivir el uno sin el otro, en menos de un mes decidimos casarnos.

Fue difícil tomar esa determinación pues Eduardo era de la capital y yo una humilde pueblerina. Pensaba que mis papás se iban a oponer precisamente por ser yo una ranchera y porque, para mi padre, lo más lógico era que me quedara allí en el pueblo y me casara con un ranchero igual que yo.

Y por increíble que parezca, fue la persona más temida del pueblo, doña Chonita, quien haciéndose cómplice de Eduardo y mía nos ayudó a llevar a cabo nuestro plan. Doña Chonita era especialista en tergiversar las cosas, en acomodar las palabras de la manera que ella quería y siempre le daban resultado; si escuchaba que un esposo a su mujer le decía ¡gorda!, por cariño o porque estaba embarazada, doña Chonita propagaba que el hombre le había dicho ¡gorda! porque comía mucho. Así era doña Chonita, siempre soltando chismes. Que fulanita se fue por allá, que menganita anda por acá. Tenía una facilidad increíble para inventar chismes y por esa boca viperina era que todos le temíamos y preferíamos llevárnosla bien con ella. Pero además sus palabras tenían credibilidad para quienes la escuchaban. Lo que ella decía debía ser cierto; así se tratara de chismes, consejos, de recetas o como en nuestro caso... De sugerencias subliminales.

De manera que en cuanto ella fue a mi casa y conversó con mis papás, ¡los convenció! Doña Chonita les dijo...

–El capitán Eduardo Rivadeneyra es buena persona, creo que les vendría bien como yerno. Ana Lilia y él se aman y quieren casarse. Pienso que deberían casarse, sí, deben casarse...

¿Quién sabe cómo interpretarían mis papás ese 'pienso que deberían casarse, sí, deben casarse'?, pero fue tan sorpresiva la noticia para ellos que prácticamente no tuvieron tiempo para reaccionar. Entonces Eduardo fue a mi casa y oficialmente 'pidió mi mano', les dijo a mis papás que me amaba y deseaba que nos casáramos en cuanto ellos dieran su consentimiento.

¡Vaya!, ni siquiera había tiempo para que sus padres y familiares fueran a nuestra boda, la investigación en la que él trabajaba estaba llegando a su fin y Eduardo no quería llevarme con él sin que mis padres y hermanos fueran testigos de nuestra unión ante Dios y ante los hombres. La prueba de que su amor era verdadero.

Una vorágine nos envolvió a Eduardo, a mi familia y a mí, e iniciamos un corre-corre que no finalizó hasta que salimos de la iglesia convertidos en esposos. Tuvimos una fiesta muy bonita en la pequeña plaza, a la que asistió casi toda la gente del pueblo, así como los ayudantes y amigos de Eduardo.

Esa misma noche Eduardo y yo nos despedimos de mis padres, mis hermanos y las amistades y gente que trabajaba con él. Abordamos su automóvil y viajamos hacia una ciudad turística situada a cuatro horas de distancia por carretera. Llegamos alrededor de las dos de la madrugada y nos instalamos en un hotel muy bonito, así lo aprecié a pesar que a esa hora yo acostumbraba dormir, por lo que obviamente estaba somnolienta. Observaba, cómo Eduardo conversaba con el administrador.

Pero el sueño se me espantó cuando escuché decir al empleado de la administración del hotel...

–¡Bienvenidos, señores Rivadeneyra. Les deseo que tengan una feliz e inolvidable 'luna de miel'!... Entonces 'me cayó el veinte', como decían en mi pueblo, y entendí que en unos minutos más Eduardo y yo estaríamos solos en un cuarto del hotel, que nos íbamos a conocer íntimamente y que le iba a entregar mi virginidad.

Y así como nos lo deseó el administrador, ¡fue algo inolvidable! Eduardo me trató con delicadeza, me fue llevando poco a poco, embelesándome, seduciéndome, provocando que mi entrega no fuera tan dolorosa y sí llena de nuevas y extrañas sensaciones y gozo.

Por la mañana pude admirar el hotel a plenitud y me pareció algo maravilloso, vimos que tenía dos piscinas, amplias y su agua limpia y cristalina. Eduardo notó el impacto que me causaba todo aquello y decidió que fuéramos al centro de la ciudad para comprar trajes de baño y después me llevaría a conocer la playa y el mar. ¿El mar?, ¿había mar ahí?... Muy pronto lo iba a constatar.

Lo poco que pude estudiar me permitió saber qué y cómo eran los mares, pero no pensé que éste que yo estaba viendo fuera tan impresionante ni extenso, quedé absorta mirando el horizonte, pero no alcancé a precisar dónde terminaba.

Entonces Eduardo sugirió que fuéramos a los vestidores para ponernos nuestros trajes de baño y entráramos al mar. Cuando salí del vestidor llevando puesto el traje de baño que él me había escogido, su mirada de admiración no pudo ser menos que placentera para mí. Me abrazó por la cintura y juntos caminamos por la playa hasta llegar a la orilla del mar donde una espumosa agua acarició nuestros pies. Después conocí la impetuosa fuerza del mar y cómo nos jalaba hacia adentro, también cómo al retirarse la ola se llevaba la arena que había debajo de mis pies y me hacía sentir cosquillas y también que me hundía y, cuando penetramos un poco más en sus tibias aguas y una ola se estrelló contra nuestros cuerpos, saboreé la salinidad del agua de mar. ¡Estaba maravillada!

Fueron los días más felices de mi vida, al lado del hombre que amaba y paseando por lugares hasta entonces desconocidos para mí. Y cuando terminó nuestra 'luna de miel' fuimos a vivir a una gran ciudad, completamente diferente a donde yo había crecido. Eduardo y su familia eran de clase social media alta, una familia bien, refinada y educada, pero lo más importante de todo era que se trataban con respeto y con amor. Su papá era diferente al mío, siempre pedía la opinión de su esposa (mi suegra); era un mundo totalmente distinto al del 'machismo' en el que yo viví con mi padre y mis hermanos. ¡Cuánto me habría gustado haber nacido en una familia privilegiada como la de mi esposo! Ahora era parte de ella y cariñosamente me llamaban Ana Lilia, mientras que la servidumbre me decía señora Rivadeneyra.

Mis suegros me recibieron cariñosamente y me aceptaron tal y como era. Días después, en su mansión, ofrecieron una recepción en mi honor con motivo de presentarme como esposa de su hijo Eduardo ante sus familiares y amistades. Les agradecí de todo corazón el cariño que me daban y el detalle de llevar a cabo esa recepción; pero les pedí que me permitieran preparar una ensalada para sus invitados, ésta confeccionada con piña, queso y pétalos de rosa. Toda la gente quedó maravillada con la ensalada... ¡Tuve éxito en mi entrada a la sociedad capitalina!

Todo era felicidad para mí, me sentía amada por mi esposo y querida por mis suegros. Y ellos también estaban felices conmigo porque les cocinaba diferentes platillos, preparados con cosas que ellos jamás habían pensado que comerían; cada uno de mis guisos les causaba expectación y se sorprendían cuando se enteraban qué contenían. Invitaban a familiares y a amigos cercanos para que degustaran con nosotros los manjares que yo preparaba. Y cuando una amiga de mi suegra le dijo que mi comida era espléndida, exótica y hasta cierto punto extravagante por sus ingredientes, ella guiñándome un ojo, orgullosamente le respondió...

—Es que mi nuera, Ana Lilia, estudió arte culinario en Europa.

Yo escuché aquello pero no quise ser cómplice de una mentira. Si ni siquiera conocía Uruapan, Michoacán mucho menos Europa. Pero ya ven cómo son los ricos, les da vergüenza hablar de carencias, de ser iletrados, de 'no conocer el mundo'; muchos de ellos prefieren vivir de apariencias. Y, bueno, si así son felices…

Cuando Eduardo dijo que iríamos a una gran tienda para que yo escogiera algunos muebles que hacían falta en la casa que antes él habitaba solo, mis suegros se ofrecieron para acompañarnos. Ellos nos obsequiaron una cuna y muebles de recámara infantil; luego nos abrazaron a Eduardo y a mí, y dijeron…

–¡Se los damos de todo corazón, tengan muchos hijos!

Así transcurrieron los meses y el buen deseo se hizo realidad, ¡quedé embarazada! Cuando les dimos la noticia a mis suegros todo fue regocijo, especialmente porque era el primer nieto de la familia y la celebración fue en grande. Ya habían pasado dieciocho meses desde el día que me casé y sentía que vivía un gran sueño, uno como cuento de hadas; porque mi esposo me amaba, era el marido perfecto, el hombre con quien cualquier mujer quisiera compartir toda su vida. Mis suegros me querían, igual que yo a ellos, y más aún por cómo se portaron y cuidaron de mí durante mi embarazo.

Llegó el nacimiento de nuestra primera hija, a quien entre todos le escogimos por nombre Emily, ¡la esperábamos con mucha alegría y emoción! Pero esa felicidad se desmoronó cuando antes que nos la llevaran para que la viéramos, el doctor nos dijo que la nena había venido al mundo con *síndrome de down*. ¡Oh Dios, los doctores no lo detectaron antes! No podía creerlo y me imaginaba muchas cosas respecto al porqué había nacido así. Angustiada trataba de sacar conclusiones. Tal vez la mala alimentación de mi niñez, el alcoholismo de mi padre desde muy joven o el maltrato que recibí de él, habrían contribuido a que mi hija naciera así. Yo me sentía culpable, creía que algo en mí era la causa de su *síndrome de down*.

Eduardo me daba muchos ánimos. Me decía que Dios nos había mandado un 'ángel' y que ese ángel era nuestra hija Emily. Que ella era la gran prueba para unir más nuestro amor. Decía que tener un ser especial en la casa, era como un reto que Dios nos había mandado para que demostráramos cuánto amor éramos capaces de darle a Emily.

Así, me fui resignando poco a poco. Eduardo no mostraba sentirse afectado, al contrario, su fortaleza era tal que contagiaba. Yo amaba a mi Emily, que era tan linda y tenía el mismo color miel que los ojos de su padre, a quién también yo amaba con toda mi alma y él me correspondía con más amor.

Nosotros dos nos apoyábamos para llevar una vida normal, común y corriente; pero por desgracia no ocurrió lo mismo con la familia de Eduardo. Ellos dieron un gran cambio conmigo, su atención y cariño ya no eran los mismos, soslayadamente me culpaban, decían que los genes de mi padre habían influido para que mi hija naciera con ese síndrome. Desde entonces, el amor que un día me manifestaron se esfumó. Poco a poco dejaron de visitarnos y lo que más me dolió fue que evitaran ver a la niña, porque ella no tenía la culpa de su estado. Y se atrevieron a insultarla en voz baja, porque un día escuché que le decían: "la monstruo" y la despreciaban.

Conmigo mi suegra fue peor, una vez sin misericordia me dijo que por ser yo pobre no tenía buena sangre y que por eso su primera nieta era una vergüenza para ella, su familia y sus amistades.

No dije nada, me quedé callada y las lágrimas empezaron a recorrer mis mejillas. No sabía discutir, en mi casa siempre me habían hecho sentir menos y 'gracias a la crianza de mis padres' era sumisa. Me dolía que menospreciaran a mi niña pero yo no era capaz de rebelarme, porque podía causar un problema mayor… Prefería sufrir en silencio.

Mis suegros eran de 'la alta alcurnia', de esa gente que trata de aparentar más de lo que es o vive en un mundo de falsedad y fantasía, de soberbia, que no les permite ver para abajo e ignoran que allá en el mundo de la humildad, se encuentran los verdaderos sentimientos de amor. No niego que hay ignorancia en nuestro mundo, pero hablamos con la verdad y no aparentamos ser lo que no somos.

A pesar de las humillaciones que nos infligió la familia de Eduardo y sus amistades, aún así me embaracé por segunda vez; tenía fe y esperanza que mi segundo hijo nacería sano y fuerte y, que de no ser así, de todas maneras lo amaría con todas mis fuerzas, igual que a mi primera hija. Me cuidé hasta la exageración, asistí a todas mis citas médicas y permití que los doctores me hicieran cuanto examen quisieran, lo importante era saber que mi nuevo hijo vendría bien.

El ansiado día llegó, nació mi segundo bebé, un varón fuerte y sano que gracias a mis oraciones y mi fe había nacido en perfecto estado. Todo volvió a ser alegría y mis suegros se emocionaron hasta la locura, tanto que hasta me trataron como al principio; me abrazaron, me besaron y después me pidieron perdón por lo pasado. Todo era alegría y felicidad, mi esposo no dejaba de llorar por la emoción, al igual que yo, nos abrazamos fuerte y una vez más le dimos gracias a Dios por esa bendición.

Transcurrieron dos años, mis suegros eran muy felices con Emiliano, su segundo nieto, lo querían mucho y lo consentían demasiado, sin embargo, a Emily ni siquiera la volteaban a ver ni le hacían caricias. A mí eso me dolía profundamente, me tocaba el alma y me hacía llorar en silencio. Me preguntaba por qué no la querían si era una niña dulce e inocente, bella y cariñosa, además de inteligente. Cuando Emily me veía llorar, me secaba las lágrimas con sus manitas blancas como la nieve y luego me acariciaba.

Emiliano no era así, era muy lindo pero muy consentido por sus abuelos, por mi esposo y hasta por mi padre, quien si antes no quiso acercarse a mí, menos lo hizo cuando supo que tenía una nieta con *síndrome de down*. No lo culpo, era tanta su ignorancia e incultura, pero lo que hasta ahora no me cabe en la cabeza fue cómo él pudo llamarla: "mongola, monstruo o niña mal formada". Sin embargo, a su nieto lo veía perfecto y por eso lo llevaba a pasear con mucho orgullo siempre que lo visitaba.

Mientras el tiempo transcurría Emiliano crecía y era más grosero y agresivo, claro, estaba más tiempo con sus abuelos y ellos lo estaban malcriando, perjudicando su desarrollo y comportamiento, al grado de volverlo insensible. A su tan corta edad ya no se le acercaba a su hermanita Emily, la despreciaba. Cuando yo le pedía que acariciara a su hermanita, él la evadía y la miraba con rechazo. Algunas veces lo descubrí golpeándola.

Yo no podía creerlo y pensaba que era tal vez porque Emily vivía en un mundo que él no entendía, pero no era así, cada día Emiliano era más cruel con ella, la insultaba y le decía "fea"; en cuanto le empezaba a hablar o acercarse a él la empujaba o la jalaba del cabello, claro que lo hacía cuando él pensaba que nadie lo veía, pero yo siempre estaba pendiente de mi hija y me daba cuenta. Yo la sobreprotegía, quería que aprendiera muchas cosas y le enseñaba todo lo que podía, la llevaba a diferentes programas y cursos para niños especiales. Todo era poco con tal de lograr en ella un poco más de aceptación por parte de la familia de Eduardo, de la mía y de las amistades. Emily aprendió lo elemental, le gustaba pintar, la música y tocaba el piano. Una niña realmente inteligente.

Me mantenía tan ocupada con ella, que tal vez por eso no me daba cuenta que la familia de mi esposo era quien realmente estaba transformando a Emiliano en un monstruo. Él ya tenía 5 años y me preocupaba demasiado porque cada día que pasaba se marcaba más su maldad, pero una como madre permite a veces ciertas cosas que no están bien y las pasamos por alto con el pretexto de que están chiquitos o porque sentimos que nuestros hijos son los mejores del mundo. Pero en realidad les estamos haciendo un daño tremendo e irreversible.

Otras veces, nosotras mismas consentimos las maldades o errores que cometen nuestros hijos cuando son niños, que luego se repiten de adolescentes y así van pasando hasta que se convierten en chicos problemáticos, difíciles, y en muchas de las ocasiones hasta en delincuentes.

No sé qué fue lo que pasó, pero mi hijo empezó a tener problemas desde que entró al 'jardín de niños', tenía cambios de personalidad y las quejas de sus maestras eran que Emiliano se sentía superior a los demás niños y que especialmente sentía odio por las niñas. Si no eran rubias y bonitas, las despreciaba y les decía feas o monstruos, al igual que a su hermana.

Aunque siempre me esforcé por darle el mismo amor, cariño y dedicación que a mi hija, no sé qué sucedió con él, quizá los familiares de mi esposo envenenaron el alma de mi niño. Pienso que fue de manera involuntaria, por tanto que lo consentían. Pero mi padre también tenía culpa en parte, porque siempre mostraba preferencia por él.

Así, ellos fueron creciendo y Emily se veía cada vez más bella, le dejé el cabello más largo para que se viera diferente y porque le sentaba muy bien ese estilo. Emiliano también se veía hermoso y muy pronto terminaría la primaria, pero en su alma existía el desprecio por la gente fea o con algún defecto; muchas veces lo abracé y llorando le pedí que cambiara, que le diera gracias a Dios por haber nacido sano y tan hermoso.

Él me abrazaba y me decía…

–¡Perdóname mamita por no querer a mi hermana, pero ella es fea, es anormal!

Mientras yo acariciaba el hermoso cabello de mi hija, trataba de convencer a Emiliano lo equivocadas que eran sus ideas, le decía que ella era su hermana y llevaban la misma sangre. Entonces él me tranquilizaba y me prometía quererla y cuidarla, yo respiraba profundamente pensando que así sería.

Pero eso era sólo de momento, cuando Emiliano cumplió 12 años lo vi dándole un beso sólo en 4 o 5 ocasiones, y en otras nada más que abrazarla. Cuando entró a la secundaria su odio se manifestó con más fuerza y yo siempre estuve segura que ese odio era por su hermana… ¡Qué equivocada estaba!

Ese odio, ese rechazo tan marcado era hacia mí, hacia el ser que lo trajo al mundo. Por fin me pude dar cuenta que todo ese repudio y odio eran para mí, lo fue desde que Emiliano era niño, desde entonces él sabía que al rechazar a su hermanita a mí me hacía sufrir.

Eduardo nunca tomó en cuenta sus extrañas reacciones, porque para él su mundo éramos sus hijos y yo, era un hombre extraordinario pero muy dócil, manejable y lo más fácil para él era evadir los problemas. Decía que era muy feliz con sus dos hijos y conmigo, parecía que no se daba cuenta que mi hijo me odiaba, o tal vez era demasiado doloroso para él entender que ese profundo odio de su hijo hacia su madre, era verdad.

Y hoy que estoy escribiendo mi historia, aún no puedo creer que mi hijo me odie tanto, que trate de destruirme; que Emiliano haya sido capaz de agredirme empujándome con tal fuerza que me hizo rodar por tierra. ¿Cómo pudo ser que haya llegado hasta ese punto?, si yo lo único que hice fue dedicarme de lleno a ellos, a mis hijos, durante todo ese tiempo.

Actualmente tengo 34 años y no luzco fea, soy guapa y todo este tiempo que llevo de casada me he refinado; sin embargo, Emiliano ahora me insulta y me dice…

–¡Qué fea eres, no te soporto!, mi hermana es un monstruo, tu familia es ranchera igual que tú. ¿No sé cómo pudiste tenerme?, ¡me das vergüenza! No quiero que mis amigos sepan que tú eres mi madre, cuando me preguntan ¿quién eres?, les digo ¡que eres la sirvienta!

No logro entender por qué mi hijo me menosprecia, eso me llena de dolor, le he pedido tanto a Dios que mi hijo me quiera como soy, por ser su madre y ojalá algún día pueda escuchar de sus labios decir que me quiere, que me ama. Ya han sido muchos años de maltrato y desprecio, por eso me pregunto, ¿cuántos años más pasarán así?

Sin tomarme en cuenta siquiera, Emiliano convenció a mi esposo que debía irse a estudiar al extranjero y se fue sin despedirse. Él se comunica con su padre y con sus abuelos, pero conmigo no, para él… ¡Como si yo no existiera!

– "Hijo mío, si alguna vez lees mi historia, quiero que sepas que te amaré por siempre, por sobre todas las cosas, aunque fueras el peor delincuente

o ser malvado del mundo. Te amaré siempre porque eres mi hijo, carne de mi carne, sangre de mi sangre y sólo pido que Dios ilumine tu mente y sane tu corazón, para que algún día puedas amarme como yo te amo a ti".

Ana Lilia, tu madre.

Es por eso que quiero denunciar a mi hijo, por todo ese odio y desprecio que ha volcado hacia mí. Y por la impotencia que me han causado todos estos años de dolor y desamor, sin saber yo el porqué.

Ésta es solamente una historia de las muchas que suelen suceder…

Negra el alma…

(Segunda Historia)

MI ESPOSO Y yo teníamos tres hijos; dos niñas y un niño, todo había transcurrido de forma normal en un matrimonio común y corriente. Éramos trabajadores, los dos teníamos un pequeño negocio y vivíamos cómodamente, podría decir que hasta de manera desahogada.

Nos sentíamos completos, era una gran bendición tener tres hijos y al mismo tiempo nos conformábamos porque el doctor había dicho que por un problemita ginecológico que yo había tenido, no volvería a quedar embarazada. ¡Nunca más!

A decir verdad nosotros nos sentíamos realizados, nuestros hijos eran buenos estudiantes y mejores hijos, en fin, éramos afortunados. Así llegamos a la edad madura, yo cumplí 45 años y mi esposo tenía 58, nuestros hijos adolescentes ya cursaban estudios universitarios, así era nuestra vida, todo marchaba muy bien. Y aunque no era normal que una mujer de mi edad y con el problema que yo tuve pudiera volver a embarazarme… ¡Sucedió!, quedé encinta cuando mi hija menor tenía 16 años.

Para todos fue una sorpresa, pero así son los designios de Dios. Fue un embarazo distinto a mis anteriores, parecía como si fuera el primero, sin embargo todo transcurrió bien y no obstante que llegamos a pensar que por mi edad podría haber complicaciones o que el médico tuviera que recurrir a una cesárea, por suerte no fue así y mi cuarto hijo nació sano.

Fue otro varón, un niño bien lindo que vino a darnos felicidad y renovó nuestras vidas. Todos éramos adultos y la llegada de un bebé dio un giro de 180 grados a nuestras vidas, todos estábamos muy contentos, yo me sentía como primeriza. Quien no estaba muy contento o tal vez se sentía cansado para empezar de nuevo, era mi esposo, pero recibió bien a nuestro nuevo hijo y le dio el mismo trato que a los anteriores, amoroso como siempre y al pendiente de él, lo único obvio era que mi marido ya no tenía la energía de veinte años atrás para jugar con el pequeño José.

Todo fue normal hasta que José entró a la escuela y empezó a cambiar su personalidad; lo llevamos con sicólogos, a diferentes programas asistenciales para ver qué era lo que pasaba con su comportamiento. No era normal, era un niño problema que no ponía atención a nada, llegamos a creer que tenía algún síndrome, pero no fue así. Con todos en la familia se comportaba grosero y déspota, aventaba las cosas, nos contestaba mal, tenía un desenvolvimiento totalmente diferente al que nosotros le habíamos enseñado y a nuestra manera de vivir.

Los doctores decían que era perfectamente normal tanto en su salud como en su estado mental, suponían que tal vez era un niño demasiado hiperactivo y consentido que, como además convivía con puros adultos en nuestra casa, ese consentimiento podía provenir de todos nosotros y así lo creímos.

–Realmente este niño no tiene nada.

Ese fue el diagnóstico del doctor y de los demás especialistas, pero nosotros no entendíamos ¿qué era lo que pasaba, por qué ese comportamiento? Lo curioso era que su conducta rebelde y grosera era más marcada conmigo, a su padre poco se le acercaba, más bien le daba la vuelta cuando mi esposo quería abrazarlo, José rápidamente le gritaba…

–¡Suéltame no quiero que me abraces, déjame!

Aunque adoramos a nuestro hijo, en verdad ya eran 9 años de desasosiego y sufrimiento para mi esposo y para mí, era un infierno porque José cada día hacía más y más maldades, cosas que incomodaban a todos. Por ejemplo a mis hijas, las cuales ya eran unas personas adultas y a pesar que sus habitaciones permanecían cerradas cuando ellas no estaban, no sé de qué manera José lograba entrar en ellos y les vaciaba los frascos de sus perfumes o se los tiraba a la basura. A Roberto, su hermano mayor que ya estaba casado, antes que se fuera de la casa a vivir con su esposa, José le cortaba sus corbatas con tijeras y le llegó a destruir documentos importantes. Era un verdadero problema, parecía un demonio.

No entendíamos cómo ni por qué la mente de José era tan ágil para la maldad, era cuestión de segundos que nos descuidábamos y él causaba tantos desastres como si los hubiera planeado con anticipación, llegamos a pensar que alguien lo ayudaba porque cada una de sus acciones era tan precisa que sólo así se podrían explicar.

Imagínese usted qué pasó cuando José fue creciendo, empezó a insultarnos a mi esposo y a mí, a llamarnos viejos, nos decía…

—¡Rucos ridículos, cómo los odio y los desprecio, me da vergüenza que ustedes sean mis padres!

Somos personas mayores sin fuerzas para pelear ni discutir con un joven cada vez más difícil de entender y controlar. Antes que este hijo llegara, nuestras vidas eran tranquilas y diferentes, hoy en día nos sentimos trastornados, desesperados, no sabemos qué hacer y vivimos en constante miedo, con la angustia que algún día pueda llegar hasta el grado de pegarnos. Algo que no está lejos de la realidad, pues con vergüenza hemos comprobado que anda metido en consumo de drogas y no sé cuántas cosas más.

En la actualidad nuestros otros tres hijos ya están casados y no viven con nosotros, ellos también se cansaron de José, de tanta maldad, se han alejado y evitan visitarnos; casi no nos traen a nuestros nietos por temor a que José los desprecie o les haga alguna maldad. Nuestros hijos nos han sugerido muchas veces que denunciemos a José con las autoridades, que digamos todo lo que ha hecho, pero yo le pregunto, ¿si usted es padre y ama a sus hijos los denunciaría?, yo no puedo hacerlo, es mi hijo más chico.

¿Qué puedo hacer si le he pedido todo el tiempo a Dios, a mi familia, a José mismo? Le he suplicado que nos deje vivir nuestros últimos años en paz, pero él de ninguna manera entiende. Le he pedido que tenga compasión de nosotros sus padres, ahora cuenta con 26 años y es cada día peor, consume drogas y alcohol y casi siempre anda con los ojos rojos y despide un olor muy extraño.

Ese día, me encontraba orando en mi habitación y su reacción fue romper todo lo que encontró a su alrededor y me dijo…

—¡Deja de mostrarte como una mojigata religiosa, estúpida. ¿Crees que con pedirle a tu Dios yo voy a cambiar y voy a dejar de odiarte? ¡Estás loca, vieja ruca!

Les confieso que tuve tanto miedo que me matara en ese momento, porque en varias ocasiones, cuando se halla bajo el influjo de las drogas, él ya nos ha golpeado tanto a mí como a su papá. Claro que nuestros otros hijos no lo saben, porque de alguna manera hemos podido ocultarlo. A veces deseo morir pero siento pánico que, si yo muriera, a mi esposo José lo haría sufrir; así por lo menos, los dos tratamos de protegernos mutuamente cuando nos maltrata. Ambos nos consolamos y lloramos, pero al final nos resignamos.

Hace unos días creímos que iba a ocurrir un milagro, José se enamoró de Brenda, una chica que vive a la vuelta de nuestra casa y tiene una niña muy simpática de nombre Wendy. José nos dijo que se iban a casar, lo hicieron y él se fue a vivir con ella.

Pensamos que nuestras vidas cambiarían. Lo que más nos importaba era que si él ya se había echado responsabilidades encima, tendría que ponerse a trabajar como Dios manda y ser un buen esposo. Así, de la noche a la mañana, la familia nos creció y ellas nos hicieron el favor de llevarse a José de nuestro lado. Además, Brenda resultó ser una buena muchacha, honesta y trabajadora, quien pronto se ganó nuestro cariño. Wendy no se quedó atrás y se mostró igual de diligente que su madre, además era una niña estudiosa y ordenada. De tan sólo 5 añitos de edad y muy linda.

Claro que José no iba a cambiar nada más así. Según nos dijo Brenda, él empezó a salir por las noches y regresaba por lo regular entre las dos y tres de la mañana, por consecuencia se levantaba tarde todos los días y cuando lo hacía ella ya le tenía preparados los alimentos. Nos extrañó saber que José le daba dinero a Brenda para comprar comida y otros gastos de su casa.

Era un misterio de dónde salía el dinero que él llevaba a su casa, entonces mi marido y yo conversamos y llegamos a la conclusión que José además de consumirlas, estaría vendiendo drogas. Y no nos equivocamos. Pero nos manteníamos al margen porque parecía que se estaba comportando como un esposo responsable. Aunque nos ponía en peligro a todos, si lo llegaban a 'pescar' en la venta de enervantes. Lo peor de todo es que no tenía la necesidad de hacerlo porque nosotros le dábamos todo a nuestro hijo.

Un día que estábamos comiendo, llegó Brenda a nuestra casa y nos dijo…

–¡Estoy embarazada! Hoy me confirmaron que tengo dos meses.

A nosotros nos dio mucho gusto y la felicitamos, pensamos también que ahora José, convirtiéndose en padre, vería la vida de diferente manera y lo haría más responsable. Y de verdad que vi a mi hijo cambiado como nunca antes.

Todo comenzó a ir mejor, Brenda ya estaba en su cuarto mes de embarazo y José la cuidaba y la consentía; como buena familia iban juntos al mercado, al cine… ¡y a la iglesia! Eso último nos sorprendió porque antes José me decía mojigata religiosa, y ahora hasta iba a la iglesia. Yo le di gracias a Dios por tocar su corazón.

Una tarde Brenda me llamó por teléfono y me preguntó si la podía recibir porque quería comentarme algo. Yo le dije que la esperaba. Ella fue y me platicó que le había reclamado a José que estuviera usando drogas. Me dijo también que cada vez más seguido José aspiraba cocaína y eso la tenía muy preocupada, porque en ese estado, él hacía cosas que después no recordaba haber hecho. Y lo que más le preocupaba, que ahora él llevara una pistola consigo. Por supuesto que me preocupó mucho y me moría de solo pensar que pudiera ocurrir una desgracia.

Así transcurrió un mes más, yo veía a José muy desmejorado, como si estuviera enfermo. Pero no era así, estaba totalmente inmerso en las drogas, ya casi ni comía, se la pasaba encerrado en su recámara y salía por las noches para regresar en la madrugada.

Mi esposo seguía enfermo, ya tenía más de dos semanas que casi no se levantaba de la cama, yo debía ir a la farmacia para recoger unos medicamentos y Brenda se ofreció a llevarme en su auto. Fuimos a la farmacia, quizás por espacio de cuarenta minutos y cuando regresamos a casa mi esposo dormía. Brenda y yo salimos del cuarto y ella se fue para su casa diciéndome…

–¡Cómo la quiero, señora! Gracias por darme a su hijo, porque también lo amo. ¡Buenas noches señora!

–¡Buenas noches Brenda! Que Dios te acompañe, hija.

Minutos después, Brenda tocó a la puerta de mi casa, iba hecha una loca. Corrí, abrí la puerta y vi que llevaba en sus brazos a Wendy, lloraba inconsolablemente y cuando le pregunté ¿qué sucedía?, ella, que casi no podía hablar, exclamó…

–¡José violó a Wendy!… ¡A mi hija, a mi hijita!

Me acerqué a Brenda para ayudarla con la niña y entonces vi que el vestido y las piernas de Wendy estaban tintas en sangre. Acostamos a la niña sobre un sofá y fui por el teléfono para llamar a los paramédicos y a la policía. Me sentía miserable al verlas a las dos en esa situación y sabiendo que había sido mi hijo el monstruo agresor, lo que él le había hecho a Wendy era algo que no se podía creer ni pasar por alto y Brenda, con cinco meses de embarazo, recibía esa cruel noticia que podía causarle daño.

Esta vez estaba furiosa, enardecida, me sentí tan fuerte como para denunciar a José ante las autoridades, porque aunque era yo una anciana me puse en el lugar de estas pobres mujeres, en el dolor que estaban viviendo madre e hija. Yo no iba a permitir que el crimen del monstruo quedara impune. Tomé el teléfono, marqué el número de emergencias y les di toda la información que me pidieron. Estaba llena de dolor, de odio, de vergüenza, mi propio hijo era el violador y yo no podía creerlo.

Mi esposo estaba tan enfermo y cansado que no podía levantarse, intrigado preguntó desde la recámara ¿qué estaba pasando? Yo le contesté que esperara un momento y que enseguida iría a explicarle.

¡Oh sorpresa!, antes que yo pudiera ir hacia la recámara, José entró con una pistola en sus manos, apuntándonos y gritando en forma de pregunta para todos…

–¿Qué están haciendo, adónde van?

Le respondí que lo había denunciado con la policía por violador, y que él era un monstruo mal nacido. José se me vino encima y golpeó mi cabeza con la cacha de su pistola, entonces le grité…

–¡Mátame de una vez para no volverte a ver en la vida, esa que yo te di, maldito!… ¡Cuánto daño nos has hecho, y a gente inocente también! ¿Pero a esta pobre niña por qué?… ¡Mal nacido!

Brenda trató de defenderme, pero José hecho un energúmeno se fue en contra de ella sin importarle que estuviera embarazada; la golpeó en el vientre con la cacha de su pistola dos, tres, cuatro veces, no sé cuántas. Wendy se había levantado del sillón y le gritaba a José que no le hiciera daño a su mamá, pero algo fatal ocurrió. El arma con la cual José nos golpeó se disparó o él la disparó, pero la bala impactó en el pecho de la niña que inmediatamente cayó muerta. ¡Pobre niña. Por Dios. Cuánto dolor!

Asustado, José nos amenazó diciendo que si de veras lo habíamos denunciado regresaría para matarnos. Yo temí por la vida de Brenda, de mi esposo y la mía, y no hice nada por detenerlo. Entonces él salió corriendo.

Corrí para auxiliar a Brenda que se revolcaba tirada en el piso, mientras que mi esposo seguía gritando y preguntando ¿qué pasaba? Ayudé a Brenda para que se recargara en la pared. Luego fui hacia Wendy sólo para comprobar que ya no respiraba… Limpiándome la parte de mi frente por donde escurría un hilo de sangre, entré en la recámara para explicarle a mi marido lo que había sucedido. Le dije que permaneciera calmado y sentado en la cama, para que no se fuese a caer. En ese momento se escucharon unos fuertes golpes en la puerta y un grito detrás de éstos…

—¡Abran, es la policía!

Fui, abrí la puerta y en tropel entraron policías y paramédicos, unos fueron hacia el cuerpo sin vida de Wendy, otros asistieron a mi querida nuera. Todo era gritos y correr hacia un lado y otro. Subieron a Brenda en una camilla rodante y la sacaron de la casa para llevarla a un hospital. Un par de policías se quedó en mi casa, uno al lado del cuerpo de la inocente víctima buscando el casquillo de la bala asesina y el otro haciéndome preguntas.

Mientras todo eso sucedía y un paramédico curaba la herida que tenía en la frente, mentalmente me preguntaba…

—¿Por qué este infierno, cuántas víctimas más irá a dejar este loco? ¿Por qué tuve a este hijo de alma negra? ¿Por qué no morimos ambos durante mi embarazo tardío?

Por el estado tan grave en que estaba, mi nuera permaneció internada durante una semana, porque por la golpiza que recibió perdió al bebé. Lo más doloroso para mi esposo, para mí y para Brenda que ese día salió del hospital, fue tener que darle cristiana sepultura al cuerpecito de la pequeña Wendy, esa niña tan linda asesinada por mi hijo.

Cuando Brenda estuvo en mejores condiciones declaró ante las autoridades, lo mismo que hice yo. A ambas nos preguntaron si teníamos idea de adónde pudo huir José, pero era obvio que no lo sabíamos. No suponíamos si se había ido del país o permanecía en él. De lo único que estábamos seguras, era que no queríamos volverlo a ver.

Finalmente Brenda se recuperó y me dijo que deseaba irse lo más lejos posible para olvidar la pesadilla vivida. Para apoyarla y ayudarla, le di algo del dinero que tenía yo ahorrado y que así ella pudiera viajar al lugar que deseara. Le pedí perdón a nombre de mi hijo José, pero ella me dijo que no tenía por qué humillarme por una culpa que no era mía, que estaba consciente que yo había tratado de auxiliarlas a ella y a Wendy. Llorando, Brenda me abrazó, me dio un beso y se fue.

Mi esposo murió poco tiempo después de lo que pasó esa infernal noche en nuestra casa, tras de ver aquella tragedia su corazón no resistió más y falleció producto de un infarto. Su corazón se cansó de tanto sufrir.

Sola y llena de tristeza me conformé con ver el paso de los años, en espera que a mí también me llegara la hora de partir de este mundo. Y mucho tiempo después, una semana atrás, volví a ver de mi hijo… Aquél que tanto daño causó, ha regresado muy diferente, llorando pidió y suplicó mi perdón.

Yo juré que el día que supiera dónde él estaba, lo entregaría a la justicia para que pagara con cárcel los daños cometidos, pero regresó muy cambiado, realmente lo veo muy cambiado, hasta besó mis pies después de arrodillarse. Me ha dicho que está arrepentido por todo lo que hizo, que su vida estuvo invadida por el demonio, pero gracias a que vivió en la sierra por tantos años pudo recapacitar, que entregó su vida a Dios y ahora Él vive en su corazón.

José imploró que lo denuncie por lo que nos hizo a toda su familia, a Brenda, a Wendy, la pequeña que él mató, y a mi esposo que murió de pena. Pero en mi mente hay una sola idea; hoy, después de 10 años de haber estado ausente sin que nadie supiera en dónde se encontraba, sin que la ley hubiera dado con él, ¿quién puede hacer justicia?

Si realmente él ha entregado su vida a Dios, y creo que debe ser así porque es un hombre diferente, su voz es suave y ya no es agresivo; estoy segura que Dios tenía un propósito para mi hijo, sé que en él está obrando la voluntad Divina.

Porque si Dios que es un ser perfecto lo ha perdonado y ha hecho que cambie su vida, yo, que sólo soy una sierva del Señor y madre de este hijo arrepentido al que amé tanto y tanto sufrimiento me causó, también lo he perdonado. Por eso no pude denunciarlo…

Si alguien cree que hice mal puede juzgarme, quizás tenga razón, pero para una madre todos sus hijos son buenos aunque sean delincuentes, porque son parte de nuestro cuerpo y de nuestro corazón. Porque estaríamos dispuestas a dar nuestras vidas por ellos.

O usted, querido lector, ¿denunciaría a su hijo?

¡Odio en la Sangre!

(Tercera Historia)

NO HAY DÍA en que no me pregunte ¿qué puedo hacer?, mi hija no me quiere y no sé qué pudo pasar, éramos muy buenas amigas desde que ella era una niña, pero ahora todo ha cambiado.

Me llamo Amelia y soy madre soltera; era muy joven cuando me enamoré y quedé embarazada, mis padres al saberlo no me apoyaron, me dijeron que si iba a tener al bebé sin estar casada, sin que mi hijo tuviera padre, ellos no lo reconocerían. Me pusieron dos alternativas; una: que si pensaba tener a mi hijo en las condiciones en que me hallaba, me fuera de la casa; la otra, que si decidía abortarlo, me quedaría con ellos y nadie se iba a enterar de nada.

Estaba asustada y, aunque era muy joven pues sólo tenía 16 años, a pesar de mi corta edad mi conciencia era clara y además, como yo me había entregado por amor y de esa manera había quedado embarazada, no había que culpar a nadie sino a mí misma. Así que amaba al bebé que se iba formando, sabía que una vida latía dentro de mí y eso me daba fuerzas para enfrentarme a mis padres.

Igual de joven que yo era el papá de mi bebé, él estaba de visita en la ciudad y ni siquiera supo que quedé embarazada pues cuando sus padres nos descubrieron teniendo relaciones se lo llevaron a otra parte, lo único que yo sabía de él era que habían venido del extranjero, que él era misionero y que nos enamoramos verdaderamente.

Fue y fui su primer amor, con una entrega total más allá de la pasión, fue algo maravilloso porque en menos de dos meses de conocernos vivimos el amor en toda su plenitud, al mirarnos a los ojos sentíamos que volábamos y que éramos el uno para el otro; unir nuestras manos era algo hermoso así como juntos contemplar las estrellas. Por eso fue la entrega y la concepción de mi hija. Por amor.

Bueno, decidí tenerla a pesar de la oposición de mis padres y consciente que no sería nada fácil mi vida en adelante. Por supuesto, mis padres nunca me perdonaron que decidiera tener a mi bebé y no abortarlo. Me fui de la casa paterna a la provincia y ahí trabajé haciendo quehaceres a cambio de techo y comida.

Por fin nació mi linda niña, a quien bauticé como Esperanza y me dediqué en cuerpo y alma a ella. Era mi vida, mi muñequita, llenaba todo mi mundo. Tanto así que como el papá de mi hija fue el gran amor de mi vida, decidí guardar su recuerdo y pasaron muchos años antes de volver a fijarme en otro hombre.

Esperanza era mi mejor amiga, me contaba todo lo que hacía en la escuela primaria, sus maestras decían que era una niña muy inteligente y aplicada, eso me hacía sentir muy orgullosa. ¿Cómo no estarlo?, si siempre me entregaba excelentes calificaciones y constantemente obtenía menciones honoríficas.

A pesar de todo, como madre aún no descubría los verdaderos sentimientos que Esperanza sentía por mí. Pero yo la amaba con todo mi corazón, aún siendo yo otra niña cuando la concebí, tuve que madurar sola sin mi familia y sin un compañero que me ayudara; tantas veces lloré en silencio por sentirme sola y en ocasiones humillada. Trabajaba muchas horas para darle lo mejor y ansiaba llegar a mi casa para arrullarla, mimarla o cantarle una canción, era mi único consuelo, era mi premio del día verla, besarla, bañarla, después de las duras jornadas.

Pero un día descubrí algo terrible, acomodándole su ropa limpia y planchada, encontré varias cartas en uno de los cajones de su ropero. Me llamó la atención ver que eran muchas y empecé a leerlas. Unas se las dirigía a ella misma, otras a Dios, otras a nadie, pero todas decían lo mismo: "*Odio a mi madre, ojalá se muera, ojalá yo nunca hubiera nacido; ¿por qué me tuvo, por qué no tengo hermanos, por qué no tengo padre? ¡Cuánto la odio y la desprecio, por ser madre soltera. La odio por no estar con mi padre. No la quiero!".*

No entendí cómo era posible que mi hija odiara a la persona que le dio la vida, quien dejó sus estudios sacrificando su futuro. Quien renunció a su familia porque se opuso al capricho de unos padres que pretendían que ella no naciera. No entendí cómo era posible que me odiara a mí.

No comprendía cuál había sido mi error para que mi hija me odiara de tal manera, hasta para desearme la muerte; pensé que era una pesadilla, un sueño, un mal sueño, pero no, era realidad y lloré toda la noche. Al otro día dejé que se fuera a la escuela y cuando regresó decidí preguntarle ¿por qué sentía eso por mí? Su respuesta fue…

–Eso no es cierto mamita, ¿cómo crees? ¡Si yo te quiero mucho!

Al mostrarle las cartas ya no pudo negarlo y me dijo que sí, que era cierto, que tenía como 3 o 4 años que ella empezó a sentir eso. Porque no tenía un papá como todas las niñas, un padre que las llevaba e iba por ellas a la escuela, un padre que cuidaba de sus amiguitas. Dijo que por eso ella no me quería. Le expliqué todo lo que yo había pasado; mi enamoramiento, mi embarazo, la ruptura con mis padres, mi sacrificio por darle la vida y criarla, proporcionarle estudios y lo mejor que había podido hasta ese momento. Se lo dije todo, aunque ella no tenía la edad suficiente para entenderlo, pues apenas tenía ocho añitos.

Entonces Esperanza dijo que no me entendía, ¡pero que trataría de perdonarme! Su reacción fue lógica pues realmente ella aún no podía comprender muchas cosas.

Han pasado 10 años desde aquella reveladora fecha, ella sigue con sus rechazos, con sus groserías, tratando siempre de ponerme en ridículo delante de la gente, siendo cruel conmigo diciendo…

–Yo no conocí a mi padre, mi madre es madre soltera.

Lo peor y lo mejor de mi vida es que conocí a Arnoldo, un hombre soltero, nunca antes casado, nos conocimos en la parada del autobús, hacía años que tomábamos el mismo y ese día decidimos hablar de la simpatía que sentíamos el uno por el otro. Así empezó nuestro amor, un amor maduro. Él tenía 45 años y yo 34, era una persona que ya sabía lo que quería y me pidió que me casara con él, lo cual acepté después de algunos meses de salir juntos.

Por supuesto que mi hija puso el grito en el cielo, una vez más me echó en cara lo mucho que me odiaba y me despreciaba, hasta amenazó con irse de la casa; lo cual finalmente no hizo y se quedó a vivir con nosotros.

Creí que al casarme había ocurrido un milagro, que por fin en el cielo habían escuchado mis ruegos y que ahora íbamos a ser felices mi hija, mi esposo y yo; ella cambió su actitud hacia mí, se volvió cariñosa y amable, fueron los dos mejores años de mi vida. Me tenía extrañada, pero le di gracias a Dios por haber obrado ese cambio en ella.

Volví a ser feliz, respiraba tranquilidad, tenía un esposo que me amaba y yo a él, y mi única hija, mi tesoro, había cambiado para bien. Así empezó a ganarse el cariño de mi esposo quien era muy respetuoso y siempre la trataba bien, pero a distancia, porque eso se habló desde el principio.

Pero mi felicidad fue efímera porque otra desgracia llegó a mi vida. Además, Esperanza volvió a mostrar el terrible del odio que sentía por mí, no sé cómo se las ingenió o cómo planeó su venganza contra mí, hiriéndome donde más le duele a una mujer, ¡la traición y el engaño!... ¡Oh, Dios, cómo era posible que yo viviera eso!

La noche en que me avisaron que mi madre se estaba muriendo y quería verme para pedirme perdón, tuve que salir de emergencia sin avisarle a mi esposo, ya que él era un hombre muy trabajador y responsable que laboraba casi todo el día.

Salí rápido y le dejé una carta con mi hija donde le decía que mi madre estaba grave, en ella escribí la dirección donde me podía alcanzar y efectivamente me alcanzó al día siguiente. Cuando él llegó yo estaba deshecha porque después de tantos años sin ver a mi madre, prácticamente llegué sólo para que me pidiera perdón y verla morir.

No noté nada raro porque no estaba poniendo atención al presente, me remonté al pasado y me puse a analizar el porqué mis padres nunca me buscaron a pesar de mi embarazo y me borraron de sus vidas, yo siempre los amé y en todas mis oraciones pedía por ellos. Me dolía ver los años que todos nos habíamos perdido con ese alejamiento, me dolía que mis padres no conocieran a mi hija.

Mi esposo llegó y se portó muy cariñoso acompañándome en mi pena. Además, él esperó para hacerme una confesión sumamente dolorosa. Apenas regresamos del panteón donde habíamos dado sepultura al cuerpo de mi madre, recogí las pocas cosas que llevé cuando salí de emergencia para allá. Nos despedimos de mi padre y Arnoldo y yo nos fuimos.

Arnoldo sugirió que pasáramos esa noche en un hotel y yo estuve de acuerdo. Nos instalamos y entonces, con amargura pintada en su rostro, él dijo que tenía algo que confesarme, que no sabía cómo ni de qué manera mi hija lo envolvió la única noche que se quedaron solos, la noche en que mi madre murió, pero que todo hacía suponer que habían tenido sexo. Esa noche Esperanza la aprovechó para darme la peor de las puñaladas.

Tomé aire, intenté calmarme y le pedí a Arnoldo que me dijera cómo habían sido las cosas. Él respondió que en realidad no sabía lo que había pasado, que ella le dio el mensaje escrito que yo le dejé y él leyó, pero que verbalmente le dijo que yo no quería que él viajara de noche, que lo hiciera hasta el día siguiente por la mañana, y él le creyó. Comentó que Esperanza se portó muy atenta y hasta le invitó de un té que ella había hecho.

Arnoldo era un buen hombre, no tenía maldad, en verdad me amaba y me dijo que cuando bebió el té le dio mucho sueño y se quedó dormido, pero que al amanecer mi hija y él estaban completamente desnudos en la cama, uno al lado del otro.

Cuando lo relató agachó la cabeza y no me miró a los ojos, únicamente lloró con amargura mientras decía…

–¡Perdóname, te juro que yo nunca hubiera hecho algo así amándote como te amo!, ¿no sé qué puso en el té?, ¡no sé qué fue lo que pasó. No lo sé, no lo sé!

Yo le creí a Arnoldo porque sabía que su pesar era sincero. Le pedí que regresáramos a casa y que ambos hiciéramos como si no hubiera pasado nada, pues quería ver la reacción de Esperanza, enterarme qué nefasto plan tenía en su mente distorsionada.

No le dije nada a mi hija, hice como si no supiera nada aunque sentía que se me desgarraba el alma por dentro y sólo me preguntaba…

–¿Por qué tanto odio, por qué?

Así pasó una semana completa, Arnoldo casi ni hablaba y lo empecé a ver muy demacrado, casi no comía ni se le veían ánimos de nada. Una tarde fui a la iglesia para pedir por mi madre muerta, sabía que Esperanza regresaría casi hasta la noche, lo mismo que mi esposo, así que tenía tiempo suficiente para ir a cumplir con mi cometido.

Pero la vida se volvió a ensañar conmigo, porque cuando regresé a casa encontré a Arnoldo colgado de una soga atada a su cuello. Me quería morir de dolor, grité y salí a la calle para pedir que me ayudaran porque tenía la esperanza que mi esposo aún estuviera vivo. Hallé gente piadosa que me ayudó a bajar el cuerpo de mi amado quien para mi desgracia ya no tenía vida, llegaron los paramédicos y policías sólo para atestiguar los hechos pues ya nada podían hacer por Arnoldo.

Él, en una carta póstuma me explicaba...

–"Me despido de ti, yo sé que tú no eres culpable de nada ni yo tampoco, fue una trampa que nos puso el destino y me siento tan sucio que nunca más podría mirarte a los ojos. Perdóname por ser tan cobarde, pero mi amor por ti es puro y verdadero y no quiero mancharlo. Adiós y ojalá que en la otra vida estemos solamente tú y yo para ser libres y amarnos toda la eternidad".

Un dolor más, por fin había alcanzado la felicidad con un hombre bueno que me daba su amor sin condición, y la causante de su muerte era alguien a quien años atrás yo le di la vida, arrullé en mis brazos y dediqué mi existencia a cuidar de ella.

Pasaron los días, hoy Arnoldo cumplió tres meses de muerto y yo, a pesar que soy joven parezco más vieja, estoy muerta por dentro. Después del fallecimiento de él, Esperanza volvió a ser déspota, despiadada e hiriente conmigo, parecía que le alegraba mi dolor o que mi sufrimiento le producía felicidad.

Hace una semana Esperanza me dijo que está embarazada, con sobresalto, zozobra y sospecha le pregunté...

–¿Quién es el padre?...

Y ella de manera burlona me contestó...

–¿No lo adivinas?... ¡Ja, ja, ja!

Esperanza se fue de mi lado, no sé en realidad si ese bebé haya sido el producto de haber estado una noche con mi esposo. No sé qué creer, hay tanta maldad en el alma de Esperanza que no me extrañaría que todo fuera un invento de ella; que el bebé no exista y si lo hay que el padre de la criatura fuese otro hombre.

No sé si ya dio a luz o no, no me habla desde que se fue de la casa. No sé nada de mi hija, pero donde quiera que se encuentre le mando todo mi amor y mis bendiciones a ella y a su bebé, a mi nieto que ya no conoceré.

'Que Dios te bendiga hija hoy, mañana y siempre, ojalá cambien tus sentimientos cuando sepas lo que es ser madre. Te escribo esta carta desde un hospital, tengo un mes internada pues me diagnosticaron cáncer terminal y me quedan sólo unos días de vida. No tengo miedo, al contrario, estoy feliz porque pronto me reuniré con Arnoldo, mi amado esposo, el hombre, el único ser humano que me dio felicidad al igual que tú cuando naciste. Ahora me reuniré con Arnoldo y será para la eternidad. Tu madre que te ama y te perdona porque eres carne de mi carne, hija mía. Donde quiera que estés, siempre velaré por ti'.

Adiós, Amelia.

¿Cuál religión?

E RNESTO, UN HOMBRE del común de la gente, fue feliz durante su niñez. En su adolescencia abandonó los estudios y sólo cursó la secundaria, ya que tenía inteligencia sobresaliente para los negocios y a ellos se dedicó. Era el tiempo en que los equipos de computación se estaban poniendo de moda y él trabajaba como vendedor de piso en una gran compañía. Se casó con María cuando tenía 22 años y con el paso del tiempo tuvieron dos hijos; David y Ángela.

Comenzaban a fincar su futuro comprando una casita, María estaba feliz pero Ernesto no tanto porque lo que él deseaba era una residencia y no una casita de interés social. Cuando David cumplió 7 años Ernesto ya tenía 31, y fue entonces, a poco de haber sido nombrado gerente de adquisiciones, que Ernesto viendo que tenía en sus manos el manejo de miles de dólares robó a la empresa donde laboraba.

Todo fue premeditado. Engañó a su esposa y a su madre, doña Josefina, diciéndoles que le habían ofrecido un buen trabajo en Estados Unidos y se los iba a llevar a todos. Así que tramitaron lo necesario y una mañana apenas amaneciendo abordaron un avión que los condujo a Miami, no era mucho el dinero que le había quedado porque a partir de su hurto empezó a gastar a manos llenas en su familia y en él.

Pensó en buscar trabajo, en Miami no tenía problema por el idioma, pero un amigo le dijo que California era una buena opción para vivir. Sin embargo, lo que convenció a Ernesto para irse a radicar en Los Ángeles, fue el comentario de un paisano suyo…

–Fíjate Ernesto que leí un periódico de nuestro país. En él dicen que las autoridades buscan a una persona que se llama igual que tú. ¡Qué coincidencia!

Viendo que algunos periódicos de 'su tierra' llegaban a la Costa Este, lo mejor era poner distancia de por medio e igual, muy temprano, abordaron otro avión que hizo una escala en alguna parte de Texas y luego los llevó a Los Ángeles, California.

Como Ernesto tenía facilidad de palabra buscó trabajo como vendedor, él no quería ser obrero y andar sucio, prefería vestir de traje y oler a perfume. Le prometieron darle el trabajo pero le exigieron que antes llevara su tarjeta del Seguro Social, así que Ernesto fue a la oficina de Migración más rápida del mundo, un parque en donde en media hora le entregaron documentos falsos de identidad. En esos documentos pidió que su nombre apareciera como José Ernesto, lo hizo así por temor que alguien lo identificara como el ladrón que era.

Sus compañeros le empezaron a llamar 'Joe' y él se sintió bien así. Llevaba ya dos años trabajando en aquella empresa y en cierta ocasión leyó en un diario respecto a un fraude de inversiones en Nueva York, lo leyó una y otra vez, lo estudió hasta que entendió cómo había sido posible que tanta gente fuera a una oficina y dejara su dinero con toda confianza, que empezara ganando buenas cantidades por concepto de intereses, y cuando esos 'inversionistas' menos lo esperaban, la oficina cerrara y quien los timó desapareciera como por arte de magia. 'Joe' preguntó por ahí, investigó y se enteró que en Los Ángeles, de hecho en el estado de California, aún no había denuncias sobre ese tipo de fraudes.

Así que comenzó a estafar gente, abría una oficina, obtenía dinero y se esfumaba; siempre iba cambiando de nombre para no ser identificado. En ocasiones convencía a otras personas para que aparecieran como dueños de la empresa y después ya eran dos quienes andaban huyendo.

En cierta ocasión regresó a trabajar en las ventas en espera 'que se calmaran las aguas' pues era buscado por otro de sus fraudes, así conoció a dos hombres que profesaban cierta religión, uno de ellos era su paisano y mediante conversaciones que sostuvo con él se enteró cómo se manejaba aquello. Se pegó tanto a esos dos hombres que un año después y usando solamente el nombre de Ernesto, él ya era parte del grupo y además era 'ministro'. Ahora regenteaba dos iglesias y se mostraba como el hombre más feliz de la tierra. No era para menos, estaba feliz de recibir mucho dinero y sin correr riesgos de ser arrestado. Aquella religión resultó buen negocio para él.

Como era tan ambicioso se fue involucrando con personas de mayor jerarquía en esa religión y logró dar un paso ascendente muy importante. Sin embargo, sucedió algo inesperado pues Ernesto se hizo fanático y empezó a practicar los preceptos de su nueva religión de manera exagerada. Eso provocó que se alejara de su familia a la que tanto había querido dar y llenarla de las máximas comodidades; María, doña Josefina, David y Ángela le hicieron un justo reclamo porque ya casi no lo veían.

Él les exigió que, para que todo volviera a ser como antes, los cuatro se cambiaran a su religión. Ellos no aceptaron y él se fue de la casa. Ya estando solo se sintió totalmente liberado y comenzó a ejercer el poder que ahora tenía en esa rama religiosa, empezó a tener relaciones sexuales con algunas mujeres de su congregación, las convencía con sus palabras o con su dinero. El dinero también le permitía comprar alcohol y drogas, y de esa manera se fue hundiendo hasta que llegó el momento que el dinero ya no le alcanzaba.

María le exigía el sustento para sus hijos y para su suegra, pero Ernesto cada vez fallaba más a la hora de cumplir. Entonces, tras una reunión que tuvieron él, María y doña Josefina (quien igual que su hijo era amante de la buena vida), concluyeron que María se llevaría a sus hijos a Miami, para ella doña Josefina no contaba ya, así que tuvo que irse a vivir con Ernesto y a participar forzadamente en la creencia que ahora practicaba su hijo.

Doña Josefina se dio cuenta de todo cuanto hacía su hijo, el dominio que tenía sobre las personas de su iglesia y cómo lo ejercía a la hora de pedirles dinero o de llevarse a alguna 'sierva' a la cama. Pero también vio el dominio que sus superiores ejercían sobre él, cómo los obedecía en todo lo que le ordenaban. En el momento que Ernesto hablaba para sus feligreses, su fanatismo era tal que parecía como poseído y entonces convencía a los de su 'rebaño' a ser complacientes en todo lo que él pidiera.

Cierto día Ernesto llevó a doña Josefina a un banco y le hizo abrir una cuenta de cheques, en esa cuenta Ernesto depositaba y sacaba dinero a discreción pero era él quien hacía todos los movimientos bancarios, en una cuenta que estaba a nombre de su madre. Incluso Ernesto obligó a doña Josefina a firmar todos los cheques, mismos que él se llevó y con ellos hacía negociaciones sin que su nombre apareciera involucrado.

Sus excesos con el alcohol y las drogas lo llevaron a cometer errores costosísimos, bajo el influjo de las drogas Ernesto violó a su sirvienta, una chamaca de 16 años, quien resultó encinta y murió tras complicarse el legrado clandestino que le practicaron. Doña Josefina se dio cuenta de todo, estaba harta de ver qué y quién era su hijo, se sentía frustrada por permitir que Ernesto la 'usara' con la cuenta de cheques. Ella quería huir pero ya no había nadie que la ayudara, así que tuvo que seguir al lado de su hijo y de su iglesia. Estaba asqueada al ver cuánta falsedad había en ambos, cuánta corrupción, pero sobre todo cuánta ignorancia en las personas que iban cayendo bajo el influjo de 'una nueva doctrina'.

Tras ese hartazgo de mentiras, de farsas, de robo, de lujuria y de abusos a diestra y siniestra, doña Josefina tomó una determinación y dijo…

—¡Quiero denunciar a mi hijo!

Así es, queridos lectores:

Hay individuos que parece llevan una vida normal, se comportan tan bien y amables con las personas, que con esa actitud engañosa nadie puede pensar que sean diferentes, crueles, irresponsables, delincuentes, etc.

No entiendo si estas personas tienen algún tipo de enfermedad mental o doble personalidad. A menudo, muchas de éstas pertenecen a grupos religiosos o sectas.

De la investigación que durante muchos años he hecho sobre el ser humano, cada día me convenzo más que hay un patrón común, muy normal en la mayoría de esta gente, son personas que creen o sienten que no tienen ningún valor como seres humanos y, a menudo, su autoestima es tan baja que se sienten seguros y protegidos al pertenecer a los grupos antes mencionados.

Lo que pasa es que se van volviendo co-dependientes y pierden el valor de sí mismos, porque piensan que si se salen de dichos grupos o sectas ya no valdrán nada debido a que supuestamente "allá los orientan" y les dan reglas a seguir. Sin ellas, se sienten desorientados y piensan que se pueden perder y recibir un "castigo divino".

Pero no se dan cuenta que todo eso es "una lavada de cerebro" que les aplican los líderes de esos grupos a sus feligreses, obviamente porque mientras más adeptos tengan más son sus ganancias. Claro, a sus seguidores no les hacen ver eso. Todo lo contrario, 'sus siervos' tienen que dar el 100% de sí mismos y no tienen derechos como seres humanos o individuos.

En algunos grupos y sectas les hacen creer que hasta el aire que respiran lo tienen que pagar con trabajo o sirviendo a los líderes religiosos, mientras que ellos gracias a ese esfuerzo llevan una vida placentera y desenfrenada. Se los digo con certeza, porque conozco a muchos de esos líderes y les puedo decir que algunos han sido personas muy cercanas a mí. Les aseguro que me daba coraje ver y escuchar cómo se referían a las personas de sus congregaciones, se burlaban de ellas con términos despectivos y palabras hirientes.

Muchas veces les pregunté…

–¿Cómo es que hablan tan bonito frente a sus adeptos y los convencen para que hagan o no hagan tal o cual cosa?

Ellos rieron al escuchar mi cuestionamiento y contestaron…

–¡Ahhh, es que creen en todo lo que les decimos o les mandamos hacer!

Fue entonces cuando me di cuenta que si estos líderes están mal, sus seguidores están peor, porque según dice el dicho: *"Si la cabeza está bien o piensa bien, el cuerpo está mucho mejor. Pero si la cabeza anda mal… ¡Imagínense cómo están los pies!".*

Así sucesivamente, he conocido a varias personas de diferentes denominaciones o grupos y todos, en su mayoría, llevan un comportamiento muy similar, porque una cosa es lo que decimos o creemos y otra lo que hacemos. ¡Predican lo que no practican!

En la mayoría de estos grupos son muy raras las personas que realmente están "dedicadas a él en un 100%", un 5% son personas que no tenían ninguna necesidad y que solamente se acercaron a una congregación, secta o religión, para saber de qué se trataba. Pero el otro 95%, se acercó a dichos grupos porque son personas que han cometido muchos errores y horrores en sus vidas, tales como el uso de drogas, violaciones o asesinatos. Pero también, tal vez, sean personas que nunca han visto más allá, que no saben que existe un sólo Creador y que ninguna secta, religión o congregación, puede cambiar esa verdad.

Sólo creando una comunicación personal con tu Creador estás haciendo Iglesia, y es responsabilidad de cada persona llevar una vida recta, limpia y honesta, porque desde el principio de la Humanidad se ha tratado de imitar la vida de nuestro Creador y cada persona es responsable de tener una comunicación directa con Él y sus enseñanzas, que desde el principio son: el amor, la bondad y la humildad. Cualquier ser humano que practique esas enseñanzas recibirá como consecuencia de sus actos, lo mismo.

No entiendo a los 'líderes' de estos grupos que atemorizan a "sus rebaños" con frases bien estudiadas, tales como que si no entregan tantos reportes todos los días o si no caminan tantas calles, o porque no llevaron la información correcta o las revistas que tenían que repartir… ¡Se van a condenar y no se van a salvar! Que tienen que obedecer a su líder porque si no, se descarrilan, se van a las tinieblas y no se salvan. Y hay personas de mentes tan débiles, como mi hijo, o carentes de atención, de amor o de entendimiento, que caen y se vuelven seguidores de esos tipos y sacrifican a su familia, su tiempo, su esfuerzo y su energía, para dárselas a esos entes sin escrúpulos.

Exactamente, no tienen escrúpulos porque explotan a su feligresía y, por si fuera poco, los apartan de la gente, de los medios y de sus propias familias. Eso lo hacen en los grupos, sectas o congregaciones "lavadoras de cerebros", y los aíslan para que nadie los alerte y les aclare que los están utilizando para beneficio de los líderes. ¡Créanme, así es, porque si ustedes se ponen a investigar, se sorprenderán de lo que encuentren!

Esas son grandes corporaciones que manejan miles o millones de dólares y asustan a 'sus siervos' diciéndoles: "Que los gobiernos son corruptos, sus leyes son sucias, los medios de comunicación son el diablo, sus familiares son malos", etc., y usted no se pregunta ¿qué o quiénes son?, ¿qué es lo que están practicando?; ¿es la unión?, ¿la verdad?, ¿la misericordia? o en realidad los están dividiendo y aislando de todo lo que pueda abrirles los ojos, para que así no se den cuenta que los están usando para su conveniencia, los vivales que utilizan la religión para enriquecerse, para viajar, tener casas... ¡Mansiones, diría yo!...

Porque déjeme decirle que, si tengo el valor de escribir este libro, es porque conozco a varios de estos 'pillos'. Como les dije al principio, éstos son de distintas denominaciones y todos sus líderes –hablo de los 'de arriba'– llevan el mismo patrón de conducta; son grandes negocios y corporaciones, algunas transnacionales, que traen a los obreros engañados diciéndoles que las otras iglesias son malas, que la única buena es las de ellos, y que pertenecer a la buena es garantía que se salvarán. De lo contrario, les hacen creer que morirán e irremediablemente no alcanzarán la salvación. También hay sectas ¡tan extravagantes! que tienen el poder y el descaro de expulsar a sus fieles. Peor aún, hay en las que se creen dioses y se atreven a decir "¡que los feos y pobres no entrarán en el reino de los cielos!".

¡Que soberbios e ilusos!... ¡Si ellos son seres humanos tan comunes como usted o como yo! No es creíble que ellos sean una legión de "Adonis" como para menospreciar a la gente por su fealdad. Y si presumen de tener dinero, éste no lo obtuvieron por la vía de la honradez, ¿cómo es que ellos pretenden "entrar en el reino de los cielos"?... ¿Corrompiendo a Dios?... ¡Habrá que verlo!...

¡No, queridos lectores! Ellos no son escuela, son negocios en los que se siguen falsas doctrinas o disciplinas impuestas por ellos mismos, para tomar provecho de la gente ingenua, ignorante y falta de preparación.

Tanta es la "lavada de cerebro" que les dicen a sus 'siervos' que si no pertenecen a dicho grupo o secta no valen nada y, como son seres humanos débiles de mente y corazón, lo creen todo y acaban con su vida. ¡Sí, algunos han llegado hasta el suicidio! Y mi pregunta es: ¿Qué enseñan sus falsas doctrinas?, ¿a amar o a odiar?, ¿a unir o a dividir?, ¿la verdad o la mentira?... ¡Pónganse a pensar!

No es posible, las enseñanzas reales, auténticas, verdaderas del Creador, enseñan a vivir en armonía y a: "Amar a tu prójimo como a ti mismo".

Es por eso que "quiero denunciar a mi hijo", porque él ha engañado a miles de personas con una falsa doctrina y falsos testimonios; porque él lleva una vida de libertinaje desenfrenada, de drogas, de vicio, de mujeres. Es una persona de lo peor, me duele decirlo porque es mi hijo, pero si nosotros, como familia, sabemos la verdad de todo lo que es capaz de hacer, del poder que tiene para dominar a otras personas y lavarles el cerebro, al

grado de llevar a muchos al suicidio u otras de abandonar a sus familias…
¡Es inminente un "quiero denunciar a mi hijo"!

Debemos denunciar a quienes sean farsantes y fanáticos de estas sectas,
por engañar y estafar a tanta gente, por vivir de ellos y dividir a sus familias.
Quien pertenece a una de estas religiones y se olvida de sí mismo y abandona
a su familia. ¡Eso es pecado!

¿Tú te matarías de hambre?, ¡no, verdad! Asimismo, tú no puedes
obligar a la gente, al ser humano a "embrutecerse", esa es la palabra exacta.
No dudo ni por un momento que haya personas de gran corazón dispuestas
a adorar a su Creador, pero no deben ser forzadas a realizar determinadas
actividades incorrectas e insanas. Porque un ser humano, de cualquier
creencia o religión, debería verse bien pero no siempre es así, muchos falsos
líderes los deterioran, los cansan, los emboban y les lavan el cerebro para
persuadirlos a hacer lo que a ellos les conviene que hagan.

¡Dígame usted si eso no es pecado!, de aislar a las personas y engañarlas
con sus falsas doctrinas, con el único interés de ciertas personas –como
mi hijo–, de obtener dinero de ellos y vivir mejor que ellos a costa de
sus sacrificios y trabajos. Eso no es correcto, las enseñanzas del Creador
son la humildad, el servir y unir, no de vivir a costa de los demás ni
dividirlos.

Perdón por mi franqueza, ¡pero pobres de los grandes líderes, de las
cabezas de las corporaciones!, no me refiero a los representantes secundarios
de las congregaciones, porque a veces ni ellos conocen a sus líderes. Yo he
estado envuelta en algunas de ellas y francamente me aterra pensar en lo
hábiles que son muchas de estas personas para lavarles el cerebro; hasta el
punto de decirles que si no hacen tal o cual cosa, ¡incluso matar!, no se van
a salvar. ¡Por favor abran los ojos, no sean ciegos!

¿Cuál o qué ser humano, puede decidir sobre la vida de los demás?
¡Desde ahí ya estamos mal!, sabemos que muchos se escudan con tal o cual
grupo para hacer atrocidades como violar, engañar o matar. Sinceramente
son unos ladrones y no "servidores", como se hacen llamar. Por eso yo,
después de saberlo y vivirlo de cerca, me atrevo a decir todo esto porque en
carne propia lo viví y sentí, por mi hijo, el ladrón, el asesino y violador.

Delincuentes como él, roban ilusiones, los sueños, las metas, los
proyectos; matan el alma, violan los principios y las enseñanzas verdaderas
de la paz, el amor, la honestidad, la humildad y más.

Por favor, hay que tener conciencia clara y verdadera. Ahora tengo toda la seguridad del mundo, después de conocer varios grupos sectarios más que religiosos, que éstos aíslan a la gente, la utilizan, la cansan, les hacen perder sus valores como seres humanos y les enseñan falsas doctrinas creadas por hombres sin escrúpulos. Mi concepto es que ninguna religión salva sino una relación personal de cada individuo o ser humano con su Creador y dador de vida, un Ser Supremo. Juzgue usted.

Todo esto que he escrito, es porque he sido víctima de varios grupos y sectas de engañadores inescrupulosos que lucran con la gente, con la inocencia de los niños y con la libertad del verdadero espíritu que es el que nos mueve a los seres humanos.

Personalmente doy gracias a Dios por tener vida, por darme libertad, conciencia y sabiduría, porque si algo he aprendido de las grandes enseñanzas del Creador es que: "LA VERDAD OS HARÁ LIBRES" y la libertad te enseña el verdadero amor, que es: "AMA A TU PRÓJIMO COMO A TI MISMO".

Tú te harás daño si no tienes conciencia, claro está, porque las personas inconscientes hacen daño y se hacen daño a sí mismos. Tú tienes la libertad de creer o no creer en este libro, de investigar y aprender lo que es la libertad, de discernir qué pasa. A mí, como terapeuta, acude mucha gente y el 99.5% tiene quejas contra quienes se autonombran líderes religiosos, sean de la denominación que sean, a quienes acusan de violaciones y masivos abusos sexuales. Bueno, eso porque salió a la luz pública y se destapó la 'Caja de Pandora', pero en dichas religiones, sectas o grupos no nada más violan los cuerpos del ser humano; son tan crueles que violan sus mentes, sus sentimientos, sus corazones.

¿Son esas las enseñanzas del Creador Supremo? No, por supuesto que no. ¿Dónde queda entonces el conocimiento del amor verdadero? o ¿acaso el amor al dinero es el que prima en esos grupos, sectas o religiones?

Porque yo me he involucrado en los corporativos y ahí solamente se habla de dinero y números de cuenta. Quienes se han integrado a esas asociaciones han caído en la trampa de las doctrinas falsas. Me sorprendí enormemente al oír lo que esos falsos líderes pregonaban, pero nunca escuché nada sobre lo espiritual o del amor que le debemos al prójimo.

No, los intereses, las necesidades de los líderes de dichos grupos, eran respecto al porqué en determinada ciudad no están captando más adeptos.

Pero no adeptos para profesar una religión, sino adeptos dispuestos a no fallar dando sus ofrendas. ¡Claro!, ellos están preocupados porque sus finanzas se están reduciendo. ¡Parece increíble, pero es cierto!

Por eso "denuncio a mi hijo", por falso testigo, por ladrón y por mente débil que se ha dejado engañar y dominar por estas falsas doctrinas creadas por hombres. Por haberse metido en ese círculo vicioso. Por convertirse en lavador de cerebros y separador de familias.

¡Basta ya, abran bien los ojos y no caigan como mi hijo en estas falsas enseñanzas! Y menos se sientan dioses, porque Dios solamente hay uno, un Dios de amor, misericordia y verdad. ¡Amén!!!

Epílogo

ESPERAMOS QUE USTEDES, queridos lectores, jamás se vean involucrados en historias como las que describimos en este libro. Deseamos que sus vidas sean diferentes y que en sus familias y hogares todo sea amor, unidad y comprensión.

Las enseñanzas que este libro puede dejarles a los hijos de familia, son que debemos agradecer a nuestros padres por habernos traído al mundo, porque pudimos verlo, respirarlo y disfrutarlo; porque podemos aprender y ser útiles como humanos, además de lograr una realización personal.

Debemos agradecerles porque conocimos lo que es dar y recibir el amor de nuestros padres y familiares. Porque pudimos enamorarnos, formar una familia y tener hijos…

Agradecer a Dios y a la vida que nuestros hijos sean seres llenos de luz, de amor y nobleza.

Otros títulos escritos por Mary Escamilla:

Terrorismo de Amor

Soy criminal

Padre soy tu hijo

100 exquisitas recetas con carne de soya

El fantasma del millon dollar

Cúresela con la risa ¡Ja, Ja, Ja!

Todos los hombres son estúpidos

Me divorcio de mi familia

Cura sacerdote o demonio

Quiero denunciar a mi hijo

100 veces el secreto de la felicidad

Dios no es religión

Mugrocienta

El príncipe Simón

La calavera descarnada

Mi amigo el pescadito

La aparecida del camino

El dedo del muerto

La casa sucia y abandonada

El ogro y la bestia

Las brujas de Tlalpujahua

El nahual de Santa Ana Acatlán

Gatos negros y mujeres vampiro

El niño de los milagros

Mi abuelita Cuquita

Los 5 pollitos

La misión del presidente muerto

La casa de muñecas

Juanita pastora

La llorona del Arenal

La enfermera planchada

Revelación OVNI

La montaña del diablo

Printed in the United States
By Bookmasters